दादी की पाती (चिट्ठी)

रवि गुप्ता

Made with ♥ on the Notion Press Platform
www.notionpress.com

इस काव्य संग्रह के लेखक बैंक सेवा से सेवा निवृत अधिकारी हैं। अतीत में समय असमय कॉलेज की वार्षिक पत्रिका एवं बैंक की सामयिक पत्रिका में यदा कदा लघु कहानी और कविता लिखते रहे हैं। एक दो बार राजनीतिक विषयों पर लेख भी प्रकाशित हो चुके हैं। साहित्यिक बाजार में प्रकाशनार्थ यह उनका प्रथम प्रयास है। वैसे तो यह काव्य संग्रह उनकी अपनी कल्पना की निजी उड़ान हैं परंतु इसमें उन्होंने एक छोटी बच्ची (पोती) के उसके पिता , दादा_दादी से बिछुड़ जाने पर उनकी पीड़ा को दर्शाने का प्रयास किया हैं। मृत व्यक्ति का सब्र हो जाता है जीवित संतान जुदा हो जाए कभी ना मिल पाने का दर्द उन्होंने अपने शब्दों में व्यक्त किया है। वे अपेक्षा करते हैं समाज में रहने वाले सभी नाना _नानी, दादा_दादी एवं समकक्ष उमर के पाठक इस काव्य संग्रह को अवश्य पढ़ें। शायद किसी की अपनी पीड़ा अपना दर्द अपनी कहानी इसमें छिपी हो।

(रवि गुप्ता)

इस काव्य संग्रह के लेखक मेरे कुछ समय पूर्व ही परिचित हैं। वो एक समाज सेवा की भावना सेअभिभूत व्यक्ति हैं। उनमें प्रत्येक थोड़ा बहुत जानने वाले आदमी के प्रति अपनत्व की भावना है। हर किसी का किसी न किसी रूप में साथ देने का प्रयास रहता है। मुझसे उमर में काफी बड़े हैं। में उन्हें अपना पथ प्रदर्शक मानता हूं। मेरे निजी जीवन में उनका पिता तुल्य स्थान है। वो आस पास की समस्याओं में गहन रुचि रखते है। उनका यथासंभव हल खोजने की सतत प्रक्रिया में सलंग्न रहते हैं। हर किसी का बेहतर सोचते है। मेरे मन में उनके प्रति अटूट विश्वास है। मेरी धारणा है कि थोड़े से परिचित व्यक्ति को भी किसी भी प्रकार का कष्ट या समस्या हो तो वो उसके साथ खड़े मिलते हैं।

(सिकंदर कुमार)

अस्वीकरण

इस काव्य संग्रह का अतीत या भविष्य में घटित किसी भी मिलती जुलती घटना से कोई संबंध नहीं हैं। यह महज लेखक की अपनी निजी कल्पना की उड़ान है। यह उसकी अपनी भावनाओं एवं पीड़ा की अभिव्यक्ति मात्र है। किसी भी प्रकार की आकस्मिक संयोग या

मिलती जुलती घटना के लिए लेखक,प्रकाशक,मुद्रक और वितरक इसके लिए किसी भी रूप में उत्तरदायी नहीं होंगे। फिर भी किसी प्रकार का विवाद उत्पन्न होता है तो उसका निपटारा गुरुग्राम के न्यायिक क्षेत्र में ही होगा।

1

उसे क्या पता क्या हो रहा हे
कौन हंस रहा हे और कौन
रो रहा हे
वो छोटी थी दर्द ऐ अलम
से महरूम
बचपन था बेफिक्र
हर ग़म से महरूम
मन ख्वाबों की दुनिया में
तन सो रहा था
उसे क्या,,,,,,,,,,,
तेरी ममता थी मेरी अमानत थी
अकेले तू ले गई
ऐसी क्यों किस्मत थी
वक्त उल्फत में कांटे वो रहा था
उसे क्या पता क्या हो रहा था
कौन हंस रहा था और कौन
रो रहा था।

2

नन्ही सी जान में बस कर
आई भय भांजना
चरण कमल स्पर्श कर
हम करे उसकी वंदना
मन को मोहने वाली मूरत
मन को बहुत लुभाए
देख देख मन ना भरे
रूह अति हर्षित जाय
नन्ही सी जान,,,,,,,,,
चैन दिलो का, सपनों की
राजकुमारी
आंखों में उसकी सिमट
आई दुनिया सारी
नन्ही सी जान,,,,,,,,
हमने की थी जो प्रार्थना
ये थी ईश्वर की साधना
मन की पूरी हुई कामना
वो थी आत्मा की भावना
नन्ही सी जान में बस कर
आई भय भांजना
चरण कमल स्पर्श कर
हम करे उसकी वंदना।

3

राह बनी मुश्किल
दूर हुई मंजिल
भंवर में डूबी नैया
छूट गया साहिल
जो थी हमारी हो गई वो पराई
रहना था दिल में दे गई जुदाई
राह बनी मुश्किल,,,,,,,
ले गई उसको समझ के अपना
तोड़ दिया मेरे जीवन का सपना
राह बनी मुश्किल,,,,,,
दिल हमारा उसका था ठिकाना
गुजरी क्या हम पे उसने ना जाना
राह बनी मुश्किल दूर हुई मंजिल
भंवर में डोली नैया छूट गया साहिल ।

4

बड़े शौक से गा रहा था मैं तराना
देखते ही देखते बना राम का फसाना
एक दिन करने लगी वो बहस
चल दी कर के मेरी दुनिया
तहस
मुझे तो पता भी न चला ये
क्या हुआ
हमारी बच्ची को कर दिया
मुझसे जुदा
बड़े शौक से गा,,,,,,,
दोनों की बगिया में एक फूल
खिला
रहमत खुदा की हमको जो
मिला
मगर उसने अपना हक जमा
लिया
अब किस से करे शिकायत
किस से करे गिला
बड़े शौक से गा रहा था मैं
तराना
देखते ही देखते बना राम का
फसाना

5

अंखियों का नूर थी वो
दिल का करार थी
जो आई जीवन में
सावन की बहार थी
नन्हे नन्हे पांव से चले
तो बाजे पायल
नाच उठता तन मन
हो जाता खुशी से पागल
अंखियों का नूर,,,,,
खड़ा हूं राहों में, छम से तू आजा
ओह मेरी गुड़िया क्यों गई
ये तो बता जा
अंखियों का नूर,,,,,,
जाना ही अगर था तो क्यों
आई
दो पल के लिए ही सही
खुशिया क्यों लाई
अँखियों का नूर,,,,,
टूट गया दिल ग़म से बेजार हे
दो तेरे दिन अब जीना
भी दुश्वार हे
अंखियों का नूर थी वो
दिल का करार थी
जो आई जीवन में
सावन की बहार थी।

6

ले गई उसे हमसे खुशी रूठ गई
मौत आने से पहले ही जिंदगी
लूट गई
पल पल मेरे दिल में ये ख्याल हे
वो कहां हे कैसी हे, उसके क्या
हाल हे
उम्मीद तो नहीं फिर भी एक
आस हे
कभी मिलेंगे या नहीं
यही जिंदगी का सवाल हे
ले गई उसे,,,,,,,
ओ बेवफा बे रहम पत्थर के
सनम
किस मोड़ पे तूने दिया ये ग़म
तेरा भी सामना हो
ग़म की शाम से
तू भी तरपे कभी ममता
के नाम से
ले गई उसे खुशी हम से रूठ गई
मौत आने से पहले ही जिंदगी
लूट गई।

7

पूनम की रात हे, दिल में अंधेरा है
नो कोई तेरा हे, ना कोई मेरा है
मैं तड़पता यहा तू छुपी है कहां
ज़ख्म गहरे है किसे दिखाऊं निशा
तू भोली है मासूम है तुझे क्या
पता
तू दूर चली गई, ऐसी तो ना
थी मेरी खाता
पूनम की रात,,,,,,,,,,
राहें जिंदगी की अजब है
गजब है फूटी तकदीर
रहती थी दिल में जो
मिटी उसकी तस्वीर
आईना टूट गया, यादें हुई
धूमिल
मगर ना भूल सका, ग़म
जुदाई का ये दिल
पूनम की रात है, दिल में अंधेरा है
न कोई तेरा है ना कोई मेरा है

8

दो दिन के लिए ही सही
तू क्यों मेरी दुनिया में आई
पूरी न कर सकी जो
वो कहानी क्यों सुनाई
बड़े शौक से सुन रहा था
मैं तो तेरी दास्तान
कहते कहते तू ही चली गई
लूट के मेरा जहां
दो दिन के लिए,,,,,,,
तू तो जा के बस गई
न जाने कौन से देश
देखते ही देखते चल दी
लगा के मेरे मन को ठेस
दो दिन के लिए ही सही
तू क्यों मेरी दुनिया में आई
पूरी न कर सकी जो
वो कहानी क्यों सुनाई

9

मत जा तू छोड़ के
मेरा दिल तोड़ के
मैं कैसे जी पाऊंगा
बिन तेरे दिन कैसे बिताऊंगा
तू घर का चिराग है
अंखियों का नूर
बचपन की अठखेलिया
नजरों का सरूर
मत जा तू छोड़ड़,,,,,,,,,
तू भी क्या करे तू मजबूर है
अपने ही छीन ले
ये जमाने का दस्तूर है
मत जा तू छोड़ के
मेरा दिल तोड़ के
मैं कैसे जी पाऊंगा
बिन तेरे दिन कैसे बिताऊंगा

10

पल भर में तू चली
उड़ी गम की धूल
ऐसी कुछ हवा चली
टूटा डॉली से फूल
अब फकत तेरी याद ही बाकी हे
सूनी हे जिंदगी आंखों में उदासी
हें
सोचता हूँ क्या हुई मुझसे भूल
पल भर में............
ना तू मेरी है न कोई सहारा है
खाली खाली राहों में
ना कोई इशारा है
राहों के फूल लगते है मुझे शूल
पल भर में.........
मैं नजरे लाख बिछाऊ
तू ना कभी आयेगी
मगर याद तेरी दिल से
भुलाई ना जाएगी
अब फायदा क्या बिसरी बातों को दे के तूल
पल भर में चली गई तू
उड़ी ग़म की धूल
ऐसी कुछ हवा चली
टूटा डॉली से फूल।

11

अगर मैं तेरा बाप न होता
तो शायद ये पाप न होता
ना सहने पड़ते तुझे ग़म
जिंदगी के
तेरी बगिया में भी खिलते फूल
खुशी के
जीवन में तेरे ये ताप न होता
अगर मैं तेरा,,,,,,,
मेरे कर्मों की सजा तुझे क्यों
मिल गई
क्यों रूठ गया बचपन, खुशियां
क्यों फिसल गई
सुकून भरी जिंदगी में संताप ना होता
अगर मैं तेरा,,,,,
मेरा कसूर, मां का कसूर, तेरा
क्या कसूर
फिर तू क्यों भला सहने को
मजबूर
तेरी दुनिया में दुखो की भाप ना
होता
अगर मैं तेरा बाप न होता
तो शायद ये पाप न होता।

12

बिछुड़ गई तू पल भर में
मेरी जिंदगी से ऐसे
सावन के जाते ही
उड़ जाए बादल जैसे
कुछ पल के लिए घटा बन के
छाई
बरसी मेरे अंगना जीवन में
फुहार लाई
फिर दिखाए किस्मत ने तमाशे
कैसे कैसे
बिछड़ गई तू
तेरी बाते तेरा अल्हड़पन
ता-उम्र याद रहेगा
वक्त ना कटेगा, ख्याले दिल
नाशाद रहेगा
समय की धारा रुकती नहीं
जिंदगी कटेगी जैसे तैसे
बिछुड़ गई तू.....
एक तेरा ग़म ले गया
मेरा सुख और चैन
दिन की क्या बात करे
काटे नहीं कटती रैन
उम्र तो कट ही जाएगी
ऐसे या वैसे
बिछड़ गई तू, पल भर में ऐसे
सावन के जाते ही उड़ जाए
बादल जैसे

13

तू जहां भी रहे सलामत रहे
दूर तुझसे हर क़यामत रहे
जीवन में तेरे इंसानियत रहे
चांद तारों से भरी तेरी किस्मत रहे
हर लम्हा हो खुशियों से लबरेज
हर पल तेरी जिंदगी में हो फूलों
की सेज
कोई ग़म तेरे पास फटकने ना
पाए
तुझपे इतनी तो खुदा की
इनायत रहे
तू जहां भी रहे.,,,,,
शमा जल रही है और जल रहा
है दिल मेरा
रोशनी हो न सकी मिटता नहीं
अंधेरा
खुशियां ही खुशियां हो जिंदगी
में तेरे
कभी भी खुदा से ना कोई
शिकायत रहे
तू जहां भी रहे सलामत रहे
दूर तुझसे हर कयामत रहे।

14

ले जा मेरी दुआएं ओ दूर जाने वाले
सदा खुश रहे तू, लौट के ना आने वाले
तेरे जीवन में चमके चांद और
तारे
और जागे हर पल आशा का
सवेरा
रात और दिन सदा मुस्कराए तू
दूर रहे तुझसे सदा ही अंधेरा
ले जा मेरी दुआएं
मैं गरीब हूं बदनसीब हूं
देता हूं फकत ये दुआ
तेरा साथ मा के साथ रहे उम्र
भर
जीवन भर कभी ना हो उससे
जुदा
ले जा मेरी..............
आखिरी सांस तक मां का साथ
निभाना
बन के रोशनी तू उसे राह
दिखाना
जीवन के सफर में सरे राह
चलते चलते
बुझा ना देना चिराग खुशियों के
जलते जलते
ले जा मेरी दुआएं ओ दूर जाने वाले
सदा खुश रहे तू लौट के ना आने वाले।

15

मेरी बच्ची को मुझसे छीनने वाली
तेरा जहां आबाद रहे
इतनी फिर भी तमन्ना है मेरी
जीवन भर तुझे ये याद रहे
मंदिर नहीं मस्जिद नहीं तूने
दिल को तोड़ा हैं
अपनों के अपने क्या बने
गैर बनने के लायक नहीं
छोड़ा हैं
मेरी बच्ची को......
जिसे तूने मुझसे छीन लिया
वो थी ईश्वर की पहचान
बचपन की थी कहानी अनमोल निशान
बांसुरी में जैसे बसती है तान
मेरी बच्ची को..........
सुरमई शाम है रात का अंधेरा
है
आंखों में नींद नहीं दूर सवेरा
है
हर चीज तेरे नाम हुई
जो कुछ भी है सब तेरा है मेरी बच्ची को छीनने वाली
तेरा जहां आबाद रहे
इतनी फिर भी तमन्ना है मेरी
जीवन भर तुझे ये याद रहे।

16

हम तेरे लिए जीते थे, इस घर की शान थी तू
मोहिनी मूरत, सांवली सूरत, अल्लाह की पहचान थी तू
तेरे दम से रोशन दुनिया
तेरे दम से उजाला
जिसने तुझको पाया
था वो किस्मत वाला
तू घर की रौनक घर की आन थी तू
हम तेरे लिए जीते,,,,,,,,,,
तूने आके बाग़ सजाए
तूने खिलाए फूल
तेरी हंसी में चाँद सितारे
तूने हटाई ग़म की धूल
तेरा चेहरा नूरानी
भोली सी मुस्कान थी तू
हम तेरे लिए जीते थे........
इस घर की शान थी तू
मोहिनी मूरत सांवली सूरत
अल्लाह की पहचान थी तू !!

17

सितारों भरे आकाश में
गुड़िया आफताब थी
मैंरी जिंदगी का एक,सुनहरा
ख्वाब थी
टूट गई सितारों की माला
रूठ गए जिंदगी के साज
कहने को बहुत कुछ था
मगर जवाब दे गई आवाज
सितारों भरे आकाश,,,,,,,
वो चलती थी तो खनकती
पाजेब की झंकार
वो हंसती तो महकती
बागों की बहार
सितारों भरे आकाश,,,,
कवि की कल्पना, वो शायर
की ग़ज़ल
आसमां की ऊंचाई, झील
में खिलता कंवल
सितारों भरे आकाश में
गुड़िया आफताब थी
मैंरी जिंदगी का एक
सुनहरा ख्वाब थी ।।

18

अपनों ने अपनों से अपनों को चुरा लिया
आरती की थाली से आरती का दीया
जुदा किया
सपने तो सपने होते हैं
वो भला कब अपने होते है
गैरो की क्या बात कहे
अपने ही भला कब अपने
होते हैं
अपनों ने अपनों से,,,,,,,,
जब बाग का माली ही बाग
को लूटे
तब कौन भला किस से
रूठे
जिन्होंने प्यार किया इकरार
किया
जिंदगी के सफर में वो तो
निकले झूठे
अपनों ने अपनों से अपनों को लूटा
आरती की थाली से आरती
का दीया जुदा किया।

19

वो गुजरा हुआ जमाना तो नहीं
फिर भी पलट के न आयेगी
टूटे फूटे शब्दों में बोलती थी
बोली
याद उसकी दिल से भुलाई
ना जाएगी
वो गुजरा हुआ,,,,,,
रहती है दिल में,दिल वीरान है
यादों की बस्ती, उसके बिन
सुनसान है
यें जिंदगी की वीरानी मिटाई
ना जाएगी
गुजरा हुआ जमाना....
वौ मेरी अपनी है फिर भी
अनजान है
लगता है पिछले जन्म की
कोई पहचान है
लगी है आग जो बुझाई ना जाएगी
वो गुजरा हुआ जमाना तो नहीं
फिर भी पलट के ना आयेगी ।।

20

हर आहट पे लगता
कही ये वो तो नहीं
जिसकी मैं राह ताकता हूं
कही ये वो तो नहीं।
जिसे लेकर गई वो न जाने कहां
ढूंढता फिर रहा हूं, पल पल मैं यहां
सूना सूना हैं मेरे दिल का जहां
उसका न कोई ठिकाना, ना कोई निशां
हर आहट पे,,,
जिंदगी है तो आस है बाकी
मिलने की उम्मीद है जरा सी
शायद खिल जाए, मन का चमन
शायद मिल जाए जमीं से गगन
हर आहट पे लगता है
कही ये वो तो नहीं
जिसकी मैं राह तकता हूं
कही ये वो तो नहीं!!

21

रहती थी घर में कुछ इस तरह
बागो में आए बहारें जिस तरह
दादी के हाथों खाती थी खाना
समझ ना आए गाती थी गाना
रहती थी घर,,,,,,,,,,,,
कुछ पल खेलती थी मांगती थी
बिंदिया
फिर आंखों में आ जाती
निंदिया
सोती थी हर बात से बेखबर, रंज ए गम से बे असर
रहती थी घर,,,,,,,,,,
उठने पर फिर मुस्कुराती थी
पूरे घर में रौनकें छा जाती थी
उसकी हर बात थी पुर असर
रहती थी घर में कुछ इस तरह
बागो में आए बहारें जिस तरह !!

22

चलते चलते सस्ते में कर लिया किनारा
और लूट लिया मेरे जीने का सहारा
मैं जो उसे बाहों में झूला रहा था
बड़े अरमान से ममता का नगमा
गा रहा था
अचानक टूटी गीतों की माला
साज रूठ गए
देखे थे जो सपने मीठे मीठे
पल भर में टूट गए
चलते चलते रस्ते...
याद में उसकी जाग जाग के
रात भर तारे गिनता रहता हूं
खुद ही खुद से बाते कर के
कभी रो लेता हूं कभी हंसता हूं
चलते चलते रास्ते में
कर लिया किनारा
और लूट लिया मेरे
जीने का सहारा ।।

23

दस बजते ही वो चहकती हुई
घर में घुसती थी महकती हुई
बंद दरवाजे के बाहर आते ही
हमें गुमान हो जाता था
उसके घर पर आने का
अनुमान हो जाता था
दस बजते ही वो,,,,,,,,,,
कुछ देर वो खिलौनों से
खेलती थी
संग संग सपनों में डोलती
थी
फिर अंखियों में आ जाती
निंदिया
और वो पहुंच जाती
ख्वाबों की दुनिया
दस बजते ही वो चहकती हुई
घर में घुसती थी महकती हुई !!

24

आती जाती हवाओं में
उजड़े चमन की खिजाओ में
सुनाई देती हैं इक आवाज
मैं दूर नहीं तुझसे हूं तेरे आस पास
मन की आंखों से देख
तेरे हृदय में रहती हूं
जमाने से नहीं शिकायत
और कुछ नहीं कहती हूं
आती जाती हवाओं में......
मैं बालपन की तस्वीर थी
तेरे आंगन की तकदीर थी
तेरे ही बाग के माली के हाथों
बिगड़ी हुई तदबीर थी
आती जाती हवाओं में........
लाख बुला ले मुझको
मै ना आ पाऊंगी
लेकिन वादा हे ये
तेरे दिल से ना जा पाऊंगी
यादों के झरोखोमें
यादों के दीप जलेंगे
मैं साथ हूं न हूं
हम फिर भी साथ चलेंगे
आती जाती हवाओं में...
उजड़े चमन की खिजाओ में
सुनाई देती है इक आवाज
मैं दूर नहीं तुझसे
हूं तेरे ही आस पास !!

25

जमाना कहता है, निशा मिट ते नहीं
वक्त के साथ मद्धम तो पड
जाते है
ग्रम जिंदगी का कितना ही
गहरा क्यों ना हो
सफर में चलते चलते कम तो
पड़ जाते हैं
जाने वाला दे कर गया ऐसी
एक चोट
दे गया ग़म और सिल गया होंठ
कर गया जिंदगी का गुलिस्तां
वीरान
मुझ से ही छीन ली मेरी नन्ही
सी जान
जमाना कहता है.......
सो रही थी वो सपनों में खो
रही थी
ले कर चला उसे मां का
अहंकार
उस आंगन को सूखा कर चली
जिस आंगन में बरसी बन के
फुहार
जमाना कहता हे निशा मिट ते नहीं
वक्त के साथ मद्धम तो पड़
जाते हे
ग़म जिंदगी का कितना ही
गहरा क्यों ना हो
सफर में चलते चलते कम तो
पड़ जाते है !!

26

नन्ही परी आई,ये सच था या सपना
जिसे छीन के ले गई वो, पराया था या अपना
उलझा हुआ हूं उलझे उलझे ख्यालों में
जिंदगी उलझ के रह गई
जिंदगी के बवालो में
रचयिता का अपमान किया
लूट के उसकी रचना
नन्ही सी परी,,,,...........
थाली भी सजी ना थी
बुझा दिया आरती का दीया
बे-मुरब्बत बे रहम ये तूने क्या किया
अच्छा सिला दिया तूने बन के
मेरा सजना
नन्ही परी आई...........
सामने खड़ा था बचपन
करती थी अठखेलिया
इससे पहले ही तूने, बना दी
कितनी पहेलियां
लूटा मेरा आशियां, मिटाया घर
अंगना
नन्ही परी आई ये सच था या सपना
जिसे छीन कर ले गई
वो पराया था या अपना ।।

27

दो दिन के लिए आई थी
लुभा कर चली गई
जाने क्या क्या खुद में
छुपा कर चली गई
वो लेकर गई जिंदगी भर की
जुदाई
और हमें दे गई हमेशा की
तन्हाई
दो दिन के लिए.........
दे गई रोने को आंसू
और यादों के चिराग
ता उमर ना बुझेगी लगा
गई ऐसी आग
दो दिन के......
वो मेरे साथ नहीं फकत
यादों में बसती हे
मुझे क्या पता, रो ती है
या खिलखिला कर हंसती है
दो दिन के लिए,,,.....
है दुआ मेरी जहां रहे
सलामत रहे
महफूज रहे उस से दूर
हर कयामत रहे
दो दिन के लिए आई थी
लुभा कर चली गई
जाने क्या क्या खुद में
छुपा कर चली गई !!

28

ठीक से आंख भी खुली ना थी
कि उसकी खुशी लुट गई
नसीब ने कुछ ऐसा खेल खेला
बाप का साथ छूटा, उजड़ा जिंदगी का मेला।
वो महरूम हो गई घर परिवार
से
जुदा हुआ फूल बागो की बहार
से
बेजुबान भोली मासूम सी
बच्ची
चली गई छोड़ के मुझे
हमेशा हमेशा के इंतजार
में
ठीक से आंख,,,,,
वो ना आयेगी अब
चाहे मै लाख बुलाऊं
ये भी मुमकिन नहीं
मै उसे भूल जाऊं
जीना पड़ेगा ता उम्र
ले कर फूटी तकदीर
यादों के चिराग जलते
देख कर उसकी तस्वीर
ठीक से आंख,,,,,...
बे हया वो बेरहम
मक्कारी में लाजवाब
हम पे ही इल्ज़ाम लगाया
तोड़ के हमारा ख्वाब
छीन के ले गई
गुलशन में खिला गुलाब
सौदा किया वफ़ा को
करके पूरा पूरा हिसाब
ठीक से आंख भी खुली ना थी
कि उसकी खुशी लुट गई ।।

29

दादी चली गुड़िया को लाने
समय हो गया गुड़िया का आने
दादी को देख
कली कली खिल जाती है
दादी आई दादी आई
कह कर मुस्कुराती है
दादी के आने से चेहरे
पर चमक आ जाती है
गुड़िया को सीने से
लिपटा कर लाती है
दादी चली गुड़िया,,,....
वो खुशी से इतना चहकती है
गोदी से उतर इधर उधर मटकती है
कभी इस बेंच कभी उस बेंच
उठते बैठते टावर तक
पहुंचती है
दादी चली गुड़िय........
घर के नज़दीक पहुँच कर
खामोश हो जाती है
और दादी की गोद में
चुपचाप खामोश हो जाती है
मैं लिफ्ट के बाहर खड़ा हो
जाता
आने पर उसको बाहों में
उठाता
दादी चली गुड़िया को लाने
समय हो गया गुड़िया का आने ।।

30

मैं पीकर उड़ाता था धुआं
इक ख्याल ने मेरे मन को छुआ
जितने पैसे खर्च करके मैं करता मज़ा
अपराध बोध होता आत्मा देती सजा
आधे पैसों में खिलाता उसे टॉफी
मन खिल उठता खुशी मिलती काफी
मैं पी कर उड़ात,,,,,,,,,,
लाली पॉप खा कर भरती
मन में मिठास
जीना सफल हो गया
मिट गई हर प्यास
तृप्त हो रही थी
कोई अधूरी आस
मैं पीकर उड़ाता था धुआं
इक ख्याल ने मेरे मन को छुआ !!

31

प्रारब्ध लेकर गया उसको वहाँ
सिर्फ थी उसकी माँ जहाँ
चमन से फूल बिछुड़ गया
खिलता खिलता मधुबन उजड़ गया
अब हवा का एक ऐसा झोंका आया
अपनों ने अपनों से धोखा खाया
प्रारब्ध ले कर गया,,,,,,...........
हैं इसी धरती पर
कौन सा हे वो जहाँ
मजबूर हूं बहुत मैं
पहुंच ना पाएँ जहां मेरी सजा
छोटी सी हे ये दुनिया
कभी ना कभी तो मिलेंगे
मेरी आत्मा की आवाज हे
खुशियों के फूल फिर खिलेंगे
प्रारब्ध ले कर गया उसको वहां
सिर्फ थी उसकी माँ जहाँ !!

32

सूना सूना है जीवन सुनी है राहें
दूर दूर तक फैली है प्यासी निगाहे
ना आहट है उसकी ना कोई इशारा
जिसे हम हरदम, पास बुलाना चाहे
दिल की दुनिया वीरान कर गई
जिंदगी भर को परेशान कर गई
याद हे उसकी कि मिटटी नहीं
हस्ती है उसकी की दिल से हटती नहीं
सुना सुना है जीवन,,,,,,,
आंखों के सामने, इक तस्वीर उभर जाती है
जब कभी वो ख्यालों में मुस्कुराती है
ती मेरी आंखों से आंसू छलक जाते है
गुजरे जमाने की, इक झलक दिखलाते है
सूना सूना है जीवन सुनी है राहें
दूर दूर तक फैली है प्यासी निगाहे !!

33

हाय मनवा रोये हाय मनवा रोये,
मैं तो जागूं जब सारा जग सोए।
मन वीणा के तार है टूटे
लगते हैं सारे रिश्ते झूठे
अपना बन के दुनिया लूटे
मांझी ही जब नाव डुबोएं
हाय मनवा रोये,,,,,,,
खुश रहे, आबाद रहे तू
देता हूं मैं, तुझको ये दुआ
मेरे दिल में रहती है तू
आंखों से दूर है तो क्यों हुआ
हाय मनवा रॉय हाय मनवा रोये
में तो जागूं जब जग सोए !!.

34

आज की शाम बहुत प्यासी है
निगाहों में उलझने रूह में उदासी है
मेरी हो कर भी मेरी ना रही
बस ये बात जरा सी हे
रोते रोते आई हंसते हंसते चली गई
ए आजा ए आजा, कहते कहते
चली गई
आज की शाम,,,
हौले हौले वो नजरों से दूर हो गई
मेरी आंख रोने को मजबूर हो गई
अब जिंदगी में कभी मिलना हो के ना हो
बागो में कभी फूलों का खिलना हो के ना हो
आज की शाम बहुत प्यासी हे
निगाहों में उलझने रूह में उदासी हे !!.

35

जिगर के टुकड़े को ले जाने वाली
तेरी दुनिया आबाद रहे
तेरी खुशी पे मैं मर जाऊ
मेरी दुनिया बरबाद रहे
तुम्हीं थे मेरे हमसफर
तुम्हीं थे रहनुमा
और तुम्हीं ने मेरा
करार छीन लिया
अब तुमसे भला कैसा
ये गिला
तकदीर का खेल है
मिला सो मिला
जिगर के टुकड़े को.......
तू तो निकली संगदिल
लूटी मेरी महफिल
छूट गया किनारा भी
फिसल गया साहिल
तूने दिया है वो ग्रम
जिंदगी भर ना भूलेंगे हम
छीन लिया मेरा सहारा
जिंदगी कर दी बे दम
जिगर के टुकड़े को ले जाने
वाली
तेरी दुनिया आबाद रहे
तेरी खुशी पे मैं मर जाऊ
मेरी दुनिया बरबाद रहे।

36

छोटी सी है दुनिया
और लंबे लंबे हैं रास्ते
जी रहा हूँ जीना हैं जीने के वास्ते
जिंदगी एक सफर हैं
मुझको चलते जाना है
मंजिल का कुछ पता नहीं
और दूर ठिकाना है
जाना है वहां मिलता जहां
जमी से आसमां
मुश्किल है सफर
मिट ते नहीं फासले
छोटी सी है दुनिया..
सुलगा के चिंगारी
तूने लगाई वो आग
भड़क उठे ग़म के शोले
जल उठे दिल के दाग
पथरा गई मेरी आँखें
तेरी राह ताकते ताकते
छोटी सी है दुनिया
और लंबे लंबे हैं रास्ते
जी रहा हूं जीना है जीने
के वास्ते

37

इतना तो है मुझे यकी
कभी तो सच होगा मेरा यकीन
उम्र भर ना मिल पाऊ
ऐसा तो ना होगा कभी
वक्त गुजरता रहता है
आस भी बनी रहती हैं
सांस भी चलती रहती हैं
ख्वाइश भी सजी रहती है
एक ना एक दिन उम्मीद
बन जाती हैं हकीकत
जिसे हम मिलना चाहे
मिला ही देती हैं किस्मत
इतना तो हैं मुझे...
डर इस बात का हैं
जब मुलाकात होगी
बरसों बाद मुलाकात में
ना वो बात होगी
ना होगा वो बचपन
ना होगी वो मासूमियत
ना होगी वो नन्ही बाहे
जिसे देखने को उसमें
तरसती है मेरी निगाहे
इतना तो हैं मुझे..
पल पल आंखों के सामने
होगा गुजरा हुआ जमाना
सुबह की उसको छोड़ना
शाम को उसे ले कर आना
शाम पांच बजते ही उसकी दरवाजे को तकते जाना
आने वाले है पापा ये

सोच कर उसका मुस्कुराना
इतना तो हैं मुझे यकीन
कभी तो सच होगा मेरा यकीन
उम्र भर ना मिल पाऊं
ऐसा तो ना होगा कभी

38

दूर है तू बहुत मुझसे
फिर भी दिल के आस पास है
कहीं गहरी वादियों से
आ रही तेरी आवाज है
कह रही है तू मुझसे
छेड़ के वीणा के तार
तेरे वंश की बेल ह में
तेरे चमन की बहारें
दूर है तू मुझसे..
ये खेल है किस्मत का
नहीं किसी की कोई खता
मेरा गुनाह छोटा या बड़ा
फिर भी इतनी तो नहीं थी
सजा
दूर है तू मुझसे.
छीन के मेरे घर की चांदनी
तेरी मां ने चाही अपनी जिंदगी मे रोशनी
वक्त एक जैसा नहीं रहता कमी
तुझे भी मिलेगी कभी दिल्लगी
दूर है तू बहुत मुझसे
फिर भी दिल के आस पास है
कही गहरी वादियों से
आ रही तेरी आवाज है।

39

सोचा था मेरी गुड़िया रानी
हो जाएगी इक दिन सयानी
डोली सजेगी झिलमिल
झिलमिल
नैना बरसेंगे रिमझिम
रिमझिम
इससे पहले ही मेरा सपना
टूट गया
मेरा अपना ही गुड़िया को
लूट गया
सोचा था मेरी.
सपना तो पूरा हो ना सका
नैनो में छाया घनघोर अंधेरा
जिंदगी का मकान खाली
हो गया
उसमें बसा लिया ग़म ने डेरा
सोचा था मेरी गुड़िया रानी
हो जाएगी इक दिन सयानी

40

जो चीज जिंदगी से महरूम
हो जाती है
वहीं चीज पल पल याद आकर
तड़पाती है
जिससे फिर कभी ना मिलने
की गुंजाइश
उसी की दिल करता बे पनाह
ख्वाइश
जो जिंदगी में आराम से मिल
जाता
उसी की बे कदरी होती
दिल उसी को ठुकराता
जो चीज जिंदगी से........
रात की चांदनी चांद चमक रहा
था
गुड़िया रानी के चेहरे का नूर
दमक रहा था
देख देख के भोला मासूम
चेहरा
रूह में बिखर रहा था रंग
सुनहरा
जो चीज जिंदगी......
एकाएक ऐसा क्या हुआ
ऐसी चली गम की हेवा
उजड़ गया चमन
बे चैन हुआ मन
फिर मिलने की उम्मीद
धरी रह गई
उसे ले गई वो
मेरी नजर फटी रह गई

जो चीज जी जिंदगी से
महरूम हो जाती है
वहीं चीज पल पल याद
आकर तड़पाती है

41

यादों के गुलशन में
वो आज भी महकती है
अरमानों के पेड़ों पे
बुलबुल सी चहकती है
दे के मासूम सी हंसी
जाने कहां खो गई
जिंदगी के मेले मे
हमसे जुदा हो गई
याद में उसकी पत
पल बरसते हैं नयन
भटकती है निगाहे
उजड़ गया है चमन
यादों के गुलशन
हुई क्या खता हमसे
वो ले के चली गई
इक फूल खिला था चमन में
खीजा दे के चली गई
तारों भरे आसमान से
मेरा सितारा ले के चली गई
आंखों में जो बसा था
मेरा नजारा ले के चली गई
यादों के गुलशन...
खुदा की नैमत थी वो
पड़े अंगना फुहार
जीवन के उपवन में
लाई खुशियां अपार
फिर हवा का झोंका आया
टूटा डाली से फूल
इसको हम किस्मत कहे
या किसी की भूल
यादों के गुलशन में
वो आज भी महकती हैं
अरमानों के पेड़ों पे \

बुलबुल से चहकती है।

42

वो आई घर में
ले के खुशियां अपार
भोली सी सूरत ने
महका दिया घर संसार
देखे कभी इधर
देखे कभी उधर
हैरान है सोच कर
ये मैं आ गई किधर
उस लोक से चलते चलते
इस लोक तक पूरा हुआ सफर
वो आई घर में....
नन्ही सी जान में
बसा ईश्वर का रूप
मोहिनी मुस्कान में
खिले सुबह की धूप
देख के सूरत उसकी
मिला मन को चैन
जाने कब दिन बीता
बीत गई कब रैन
वो आई घर मे
ले के खुशियां अपार
भोली सें सूरत ने
महका दिया घर संसार।

43

वो चली गई ले के उसको
तोड़ के इस घर का सपना
ये कर्म किसी गैर का नहीं था
लूटा चमन को उसने बन के अपना
वो दिल का करार थी
अंखियों का नूर
पल भर में जो हो गई मुझसे
बहुत दूर
कुछ ऐसी चली आंधी जीवन
की राहों में
उसे देखने को हम हुए खुद
से मजबूर
वो चली गई
खुदा की देन थी वो ऊपर
वाले का करिश्मा
मेरी जीवन ज्योति थी
अंधेरी रात की शमा
मासूम किलकारियों से गूंजता
था घर अंगना
जैसे सूने से बदन पे
सोने चाँदी का गहना
वो चली गई ले के उसको
तोड़ के इस घर का सपना
ये कर्म किसी गैर का नहीं था
लूटा चमन को उसने बन के
अपना।

44

रहती थी दिल में वो थी
घर का चिराग
अपने ही किसी ने लगा दी
इस घर को आग
नन्ही नन्ही आंखे करती
थी बहुत सवाल
भोली भोली सूरत
फरिश्तों की मूरत हंसी
बै मिशाल
शीतल थी इतनी चांद की
चांदनी की तरह
प्रज्वलित थी जैसे
आरती की रोशनी की तरह
रहती थी दिल में..
हमने उसमें मंदिर देखा मस्जिद
देखा देखा गुरुद्वारा
गंगा उसमें जमुना उसमें उसमें
निर्मल जल की धारा
चंचल थी वो शीतल थी वो
फूलों का पराग
चली गई वो जल उठे
मेरे दिल के दाग
रहती थी दिल में वो
थी घर का चिराग
अपने ही किसी ने लगा दी
इस घर को आग ।

45

जिंदगी के मेले में
मेरा खिलौना छूट गया
राहों में चलते चलते
कोई अपना लूट गया
लूटा उसने कुछ इस तरह
बताए ना बने छुपाए ना बने
क्या बने वो बात
जो बनाए ना बने
जिंदगी के मेले में..
उनकी जिद के चलते
बिछुड़ गई नन्ही सी जान
अपनी खुशियों की खातिर
दिखा दी झूठी शान
जिंदगी के मेले.....
वो स्वार्थी थी अपने आप में
मगरूर
आगे बढ़ने को बेताब
ईर्ष्या से भरपूर
छीना उसने खुदा का
बख्शा फूल
और दे दिए हमको
चुभने वाले शूल
जिंदगी के मेले में
मेरा खिलौना छूट गया
राहों में चलते चलते
कोई अपना लूट गया।

46

बे हया थी वो बे मुरब्बत
ले के चली गई मासूम को
एक दिन कर्म सामने आएगा
ये ना था मालूम उसको
दूर जाने के लिए बहाने
बना लिए
छीन कर फूल को नए
ठिकाने बना लिए
अपनी दुनिया आबाद बनाने
को
हमारे बाग वीराने बना दिए
बे हया थी वो...
मासूम को अलग कर दिया
पूरे परिवार से
खुशियों को रौंद कर
चल दी खुद मुख्तार से
अपनी ही दुनिया में खोई
खुद में मगरूर
उसे शिकवा था बागो
में खिली बहार से
बे हया थी वो बे मुरब्बत
ले के चली गई मासूम को
एक दिन कर्म सामने आएगा
ये ना था मालूम उसको।

47

छम से आ गई वो
आंखों को घुमाती
किस दुनियां से आई
रोते चीखते चिल्लाती
रोती थी बहुत वो
छत को तकती थी
मैं चुप कराता उसको
पर वो ना थकती थी
क्या करूं तरकीब
कौन सा गीत सुनाऊं
निंदिया उसको आ जाए
सुख सपनों में ले जाऊं
छम से आ गई वो....
उतना ही रोती
जितना मैं चुप कराता
घुटनों पे बिठा के
कभी बाहों में झुलाता
मगर वो है कि
रोए ही जा रही थी
और मेरे मन का चैन
खोए ही जा रही थी
छम से आ गई....
मंदिर की देवी की मूरत
मस्जिद में अल्लाह का नूर
हर तरह के रंजो गम से दूर
फिर भी ना जाने क्यों
थोड़ी सी बैचेन
अनबूझ से सवाल
करते उसके नैन
छम से आ गई वो
आंखों को घुमाती
किस दुनियां से आई
रोते चीखते चिल्लाती।

48

ना शिकवा है कोई
ना कोई गिला
जिसके नसीब में जो था
वो उसे मिला
ऊपर वाले ने तो
दोनों को दिया था गिफ्ट
मगर उसने कर लिया
फकत अपने लिए शिफ्ट
उसने सोचा ये उसकी
जागीर हैं
और जिंदगी भर का गम
ये हमारी तकदीर है
ना शिकवा है कोई..
दे गई आंखों में आंसू
बुझा दिए यादों के चिराग
दिल के दाग जल उठे
लगा दी सीने में आग
ना शिकवा है कोई.......
कर दिया उसने उसे
हमसे इतनी दूर
तरस कर रह गई आंखे
मिलने से मजबूर
छोटी सी हैं दुनिया
शायद कभी मिल जाए
जिसकी उम्मीद कम है
फिर भी शायद फूल खिल जाए
ना शिकवा है कोई
ना कोई गिला
जिसके नसीब में जो था
वो उसे मिला।

49

इक फूल खिला आंगन में
पड़ी सावन की फुहार
सूने से जीवन में
छाई बरखा बहार
मन मोहिनी मूरत
गुलाबी से अधर
हिरणी सी आंखे
पाक पावन नजर
मन को प्रफुल्लित
उसकी हर मुस्कान
नजर आई उसमें मुझे
गीता और कुरान
इक फूल खिला.......
फिर एक दिन इक
हवा का झोंका आया
और हमने अपनों से
ही धोखा खाया
चुरा लिया माली ने ही
बाग से बाग का फूल
जाने क्या हो गई
हमसे इतनी बड़ी भूल
इक फूल खिला आंगन में
पड़ी सावन की फुहार
सूने से जीवन में
छाई बरखा बहार।

50

आई दिव्य सवारी ले कर
फैला चहुं ओर उजाला
मेरे घर आंगन आई
मैं बना नसीबों वाला
वो दे दि्वपीयमान थी
सूर्योदय से पहले का प्रकाश
मानो जीवन की संजीवनी
बुझते दिलो की आस
आई दिव्य सवारी..
चंदा की वो चांदनी
गंगा की निर्मल धारा
बेचैन दिलो का चैन
जीने का नया सहारा
आई दिव्य सवारी.......
भोली सी मुस्कान बिखेरती
मानो झड़ते थे फूल
किसी कवि की कल्पना
या पावन ज्योति निर्मूल
आई दिव्य सवारी ले कर।
फैला चहुं ओर उजाला
मेरे घर आंगन आई
मैं बना नसीबों वाला।

51

कहां चली गई तू
मेरी गुड़िया रानी
रूह है प्यासी प्यासी
अंखियों में हैं पानी
इस धरती पर है
वो कौन सा देश
जहां खत ना खबरिया
ना कोई संदेश
रिमझिम बरसे नैना
दिल हुआ बेचैन
तरस रही है अँखिया
सूख गए हैं नैन
कहा चली गई तू..........
नगमा ए तरन्नुम थी
तू खुशियों का तराना
जिंदगी का गीत थी
तू हंसने का बहाना
आंसू भरी राहों में
कोई सहारा भी नहीं
तारों भरे आसमान में
हल्का सा सितारा भी नहीं
कहां चली गई तू
मेरी गुड़िया रानी
रूह है प्यासी प्यासी
अंखियों में है पानी।

www.ingramcontent.com/pod-product-compliance
Lightning Source LLC
LaVergne TN
LVHW090334210926
848480LV00004B/1407

9798903628148